Diogenes Taschenbuch 23487

AF177321

JOHANN WOLFGANG GOETHE, geboren 1749 in Frankfurt am Main, studierte in Leipzig und Straßburg Rechtswissenschaft, anschließend berufliche Tätigkeit in Wetzlar und Frankfurt sowie erste Erfolge und Anerkennung in der literarischen Welt. Als Sechsundzwanzigjähriger ging er auf Einladung des Herzogs Karl August von Sachsen nach Weimar, wo er politische und administrative Ämter innehatte und auch das Weimarer Hoftheater leitete. Der bekannteste Vertreter des Sturm und Drang wandelte sich unter dem Einfluß des Hoflebens und seiner Reise nach Italien zum Vollender des klassischen Formideals. Goethe starb 1832 in Weimar.

Die schönsten Gedichte von Johann Wolfgang Goethe

Ausgewählt von Franz Sutter

Diogenes

Die vorliegende Auswahl erschien
erstmals 1984 unter dem Titel *Herz, mein Herz*
in der ›Krisenbibliothek der Weltliteratur‹ im Diogenes Verlag
sowie 1996 unter dem jetzigen Titel
in der Reihe ›Kleine Diogenes Taschenbücher‹
Covermotiv: Zeitgenössischer Schattenriß

Veröffentlicht als Diogenes Taschenbuch, 2005
Alle Rechte an dieser Ausgabe und Auswahl vorbehalten
Copyright © 1984, 2005
Diogenes Verlag AG Zürich
info@diogenes.ch · www.diogenes.ch
In Fragen zur Produktsicherheit (GPSR):
truepages UG (haftungsbeschränkt)
Westermühlstraße 29, 80469 München
info@truepages.de
ASR/19/852/2
ISBN 978 3 257 23487 9

Inhalt

Zueignung

Der Morgen kam; es scheuchten seine Tritte
Den leisen Schlaf, der mich gelind umfing,
Daß ich, erwacht, aus meiner stillen Hütte
Den Berg hinauf mit frischer Seele ging;
Ich freute mich bei einem jeden Schritte
Der neuen Blume, die voll Tropfen hing;
Der junge Tag erhob sich mit Entzücken,
Und alles war erquickt, mich zu erquicken.

Und wie ich stieg, zog von dem Fluß der Wiesen
Ein Nebel sich in Streifen sacht hervor.
Er wich und wechselte mich zu umfließen,
Und wuchs geflügelt mir ums Haupt empor:
Des schönen Blicks sollt ich nicht mehr genießen,
Die Gegend deckte mir ein trüber Flor;
Bald sah ich mich von Wolken wie umgossen
Und mit mir selbst in Dämmrung eingeschlossen.

Auf einmal schien die Sonne durchzudringen,
Im Nebel ließ sich eine Klarheit sehn;
Hier sank er leise sich hinabzuschwingen,
Hier teilt' er steigend sich um Wald und Höhn.
Wie hofft ich, ihr den ersten Gruß zu bringen!
Sie hofft ich nach der Trübe doppelt schön.

Der luftge Kampf war lange nicht vollendet,
Ein Glanz umgab mich, und ich stand geblendet.

Bald machte mich, die Augen aufzuschlagen,
Ein innrer Trieb des Herzens wieder kühn;
Ich konnt es nur mit schnellen Blicken wagen,
Denn alles schien zu brennen und zu glühn.
Da schwebte, mit den Wolken hergetragen,
Ein göttlich Weib vor meinen Augen hin,
Kein schöner Bild sah ich in meinem Leben;
Sie sah mich an und blieb verweilend schweben.

Kennst du mich nicht? sprach sie mit einem
    Munde,
Dem aller Lieb und Treue Ton entfloß:
Erkennst du mich, die ich in manche Wunde
Des Lebens dir den reinsten Balsam goß?
Du kennst mich wohl, an die zu ewgem Bunde
Dein strebend Herz sich fest und fester schloß.
Sah ich dich nicht mit heißen Herzenstränen
Als Knabe schon nach mir dich eifrig sehnen?

Ja! rief ich aus, indem ich selig nieder
Zur Erde sank, lang hab ich dich gefühlt;
Du gabst mir Ruh, wenn durch die jungen Glieder
Die Leidenschaft sich rastlos durchgewühlt:
Du hast mir, wie mit himmlischem Gefieder,

Am heißen Tag die Stirne sanft gekühlt;
Du schenktest mir der Erde beste Gaben,
Und jedes Glück will ich durch dich nur haben!

Dich nenn ich nicht. Zwar hör ich dich von vielen
Gar oft genannt, und jeder heißt dich *sein*,
Ein jedes Auge glaubt auf dich zu zielen,
Fast jedem Auge wird dein Strahl zur Pein.
Ach, da ich irrte, hatt ich viel Gespielen,
Da ich dich kenne, bin ich fast allein;
Ich muß mein Glück nur mit mir selbst genießen,
Dein holdes Licht verdecken und verschließen.

Sie lächelte, sie sprach: Du siehst, wie klug,
Wie nötig war's, euch wenig zu enthüllen!
Kaum bist du sicher vor dem gröbsten Trug,
Kaum bist du Herr vom ersten Kinderwillen,
So glaubst du dich schon Übermensch genug,
Versäumst die Pflicht des Mannes zu erfüllen!
Wie viel bist du von andern unterschieden?
Erkenne dich, leb mit der Welt in Frieden!

Verzeih mir, rief ich aus, ich meint es gut;
Soll ich umsonst die Augen offen haben?
Ein froher Wille lebt in meinem Blut;
Ich kenne ganz den Wert von deinen Gaben!
Für andre wächst in mir das edle Gut,

Ich kann und will das Pfund nicht mehr
   vergraben!
Warum sucht ich den Weg so sehnsuchtsvoll,
Wenn ich ihn nicht den Brüdern zeigen soll?

Und wie ich sprach, sah mich das hohe Wesen
Mit einem Blick mitleidger Nachsicht an;
Ich konnte mich in ihrem Auge lesen,
Was ich verfehlt und was ich recht getan.
Sie lächelte, da war ich schon genesen,
Zu neuen Freuden stieg mein Geist heran;
Ich konnte nun mit innigem Vertrauen
Mich zu ihr nahn und ihre Nähe schauen.

Da reckte sie die Hand aus in die Streifen
Der leichten Wolken und des Dufts umher;
Wie sie ihn faßte, ließ er sich ergreifen,
Er ließ sich ziehn, es war kein Nebel mehr.
Mein Auge konnt im Tale wieder schweifen,
Gen Himmel blickt ich, er war hell und hehr.
Nur sah ich sie den reinsten Schleier halten,
Er floß um sie und schwoll in tausend Falten.

Ich kenne dich, ich kenne deine Schwächen,
Ich weiß, was Gutes in dir lebt und glimmt!
– So sagte sie, ich hör sie ewig sprechen, –
Empfange hier, was ich dir lang bestimmt!

Dem Glücklichen kann es an nichts gebrechen,
Der dies Geschenk mit stiller Seele nimmt:
Aus Morgenduft gewebt und Sonnenklarheit,
Der Dichtung Schleier aus der Hand der
 Wahrheit.

Und wenn es dir und deinen Freunden schwüle
Am Mittag wird, so wirf ihn in die Luft!
Sogleich umsäuselt Abendwindes Kühle,
Umhaucht euch Blumen-Würzgeruch und Duft.
Es schweigt das Wehen banger Erdgefühle,
Zum Wolkenbette wandelt sich die Gruft,
Besänftiget wird jede Lebenswelle,
Der Tag wird lieblich, und die Nacht wird helle.

So kommt denn, Freunde, wenn auf euren Wegen
Des Lebens Bürde schwer und schwerer drückt,
Wenn eure Bahn ein frischerneuter Segen
Mit Blumen ziert, mit goldnen Früchten schmückt,
Wir gehn vereint dem nächsten Tag entgegen!
So leben wir, so wandeln wir beglückt.
Und dann auch soll, wenn Enkel um uns trauern,
Zu ihrer Lust noch unsre Liebe dauern.

Lieder

Vorklage

Wie nimmt ein leidenschaftlich Stammeln
Geschrieben sich so seltsam aus!
Nun soll ich gar von Haus zu Haus
Die losen Blätter alle sammeln.

Was eine lange weite Strecke
Im Leben voneinander stand,
Das kommt nun unter *einer* Decke
Dem guten Leser in die Hand.

Doch schäme dich nicht der Gebrechen,
Vollende schnell das kleine Buch;
Die Welt ist voller Widerspruch,
Und sollte sich's nicht widersprechen?

An die Günstigen

Dichter lieben nicht zu schweigen,
Wollen sich der Menge zeigen;
Lob und Tadel muß ja sein!
Niemand beichtet gern in Prosa,
Doch vertraun wir oft sub Rosa
In der Musen stillem Hain.

Was ich irrte, was ich strebte,
Was ich litt und was ich lebte,
Sind hier Blumen nur im Strauß
Und das Alter wie die Jugend,
Und der Fehler wie die Tugend
Nimmt sich gut in Liedern aus.

Heidenröslein

Sah ein Knab ein Röslein stehn,
Röslein auf der Heiden,
War so jung und morgenschön,
Lief er schnell, es nah zu sehn,
Sah's mit vielen Freuden.
Röslein, Röslein, Röslein rot,
Röslein auf der Heiden.

Knabe sprach: Ich breche dich,
Röslein auf der Heiden!
Röslein sprach: Ich steche dich,
Daß du ewig denkst an mich,
Und ich will's nicht leiden.
Röslein, Röslein, Röslein rot,
Röslein auf der Heiden.

Und der wilde Knabe brach
's Röslein auf der Heiden;
Röslein wehrte sich und stach,
Half ihm doch kein Weh und Ach,
Mußt es eben leiden.
Röslein, Röslein, Röslein rot,
Röslein auf der Heiden.

Blinde Kuh

O liebliche Therese!
Wie wandelt gleich ins Böse
Dein offnes Auge sich!
Die Augen zugebunden,
Hast du mich schnell gefunden,
Und warum fingst du eben mich?

Du faßtest mich aufs beste
Und hieltest mich so feste,
Ich sank in deinen Schoß.
Kaum warst du aufgebunden,
War alle Lust verschwunden;
Du ließest kalt den Blinden los.

Er tappte hin und wieder,
Verrenkte fast die Glieder,
Und alle foppten ihn.
Und willst du mich nicht lieben,
So geh ich stets im Trüben,
Wie mit verbundnen Augen, hin.

Gefunden

Ich ging im Walde
So für mich hin,
Und nichts zu suchen,
Das war mein Sinn.

Im Schatten sah ich
Ein Blümchen stehn,
Wie Sterne leuchtend,
Wie Äuglein schön.

Ich wollt es brechen,
Da sagt' es fein:
Soll ich zum Welken
Gebrochen sein?

Ich grub's mit allen
Den Würzlein aus,
Zum Garten trug ich's
Am hübschen Haus.

Und pflanzt es wieder
Am stillen Ort;
Nun zweigt es immer
Und blüht so fort.

Brautnacht

Im Schlafgemach, entfernt vom Feste,
Sitzt Amor dir getreu und bebt,
Daß nicht die List mutwillger Gäste
Des Brautbetts Frieden untergräbt.
Es blinkt mit mystisch heilgem Schimmer
Vor ihm der Flammen blasses Gold;
Ein Weihrauchswirbel füllt das Zimmer,
Damit ihr recht genießen sollt.

Wie schlägt dein Herz beim Schlag der Stunde,
Der deiner Gäste Lärm verjagt;
Wie glühst du nach dem schönen Munde,
Der bald verstummt und nichts versagt!
Du eilst, um alles zu vollenden,
Mit ihr ins Heiligtum hinein;
Das Feuer in des Wächters Händen
Wird, wie ein Nachtlicht, still und klein.

Wie bebt vor deiner Küsse Menge
Ihr Busen und ihr voll Gesicht!
Zum Zittern wird nun ihre Strenge,
Denn deine Kühnheit wird zur Pflicht.
Schnell hilft dir Amor sie entkleiden
Und ist nicht halb so schnell als du;
Dann hält er schalkhaft und bescheiden
Sich fest die beiden Augen zu.

Erster Verlust

Ach, wer bringt die schönen Tage,
Jene Tage der ersten Liebe,
Ach, wer bringt nur eine Stunde
Jener holden Zeit zurück!

Einsam nähr ich meine Wunde,
Und mit stets erneuter Klage
Traur' ich ums verlorne Glück.

Ach, wer bringt die schönen Tage,
Jene holde Zeit zurück!

Die Freuden

Es flattert um die Quelle
Die wechselnde Libelle,
Mich freut sie lange schon;
Bald dunkel und bald helle,
Wie der Chamäleon,
Bald rot, bald blau,
Bald blau, bald grün;
O daß ich in der Nähe
Doch ihre Farben sähe!

Sie schwirrt und schwebet, rastet nie!
Doch still, sie setzt sich an die Weiden.
Da hab ich sie! Da hab ich sie!
Und nun betracht ich sie genau,
Und seh ein traurig dunkles Blau –
So geht es dir, Zergliedrer deiner Freuden!

Beherzigung

Ach, was soll der Mensch verlangen?
Ist es besser, ruhig bleiben?
Klammernd fest sich anzuhangen?
Ist es besser, sich zu treiben?

Soll er sich ein Häuschen bauen?
Soll er unter Zelten leben?
Soll er auf die Felsen trauen?
Selbst die festen Felsen beben.

Eines schickt sich nicht für alle!
Sehe jeder, wie er's treibe,
Sehe jeder, wo er bleibe,
Und wer steht, daß er nicht falle!

Mut

Sorglos über die Fläche weg,
Wo vom kühnsten Wager die Bahn
Dir nicht vorgegraben du siehst,
Mache dir selber Bahn!

Stille, Liebchen, mein Herz!
Kracht's gleich, bricht's doch nicht!
Bricht's gleich, bricht's nicht mit dir!

Erinnerung

Willst du immer weiter schweifen?
Sieh, das Gute liegt so nah.
Lerne nur das Glück ergreifen,
Denn das Glück ist immer da.

Willkommen und Abschied

Es schlug mein Herz, geschwind zu Pferde!
Es war getan, fast eh gedacht;
Der Abend wiegte schon die Erde,
Und an den Bergen hing die Nacht;
Schon stand im Nebelkleid die Eiche,
Ein aufgetürmter Riese, da,
Wo Finsternis aus dem Gesträuche
Mit hundert schwarzen Augen sah.

Der Mond von einem Wolkenhügel
Sah kläglich aus dem Duft hervor;
Die Winde schwangen leise Flügel,
Umsausten schauerlich mein Ohr;
Die Nacht schuf tausend Ungeheuer,
Doch frisch und fröhlich war mein Mut:
In meinen Adern, welches Feuer!
In meinem Herzen, welche Glut!

Dich sah ich, und die milde Freude
Floß von dem süßen Blick auf mich;
Ganz war mein Herz an deiner Seite
Und jeder Atemzug für dich.
Ein rosenfarbnes Frühlingswetter
Umgab das liebliche Gesicht,

Und Zärtlichkeit für mich – ihr Götter!
Ich hofft es, ich verdient es nicht!

Doch ach, schon mit der Morgensonne
Verengt der Abschied mir das Herz:
In deinen Küssen, welche Wonne!
In deinem Auge, welcher Schmerz!
Ich ging, du standst und sahst zur Erden
Und sahst mir nach mit nassem Blick;
Und doch, welch Glück, geliebt zu werden!
Und lieben, Götter, welch ein Glück!

Neue Liebe, neues Leben

Herz, mein Herz, was soll das geben?
Was bedränget dich so sehr?
Welch ein fremdes, neues Leben!
Ich erkenne dich nicht mehr.
Weg ist alles, was du liebtest,
Weg, warum du dich betrübtest,
Weg dein Fleiß und deine Ruh –
Ach, wie kamst du nur dazu?

Fesselt dich die Jugendblüte,
Diese liebliche Gestalt,
Dieser Blick voll Treu und Güte,
Mit unendlicher Gewalt?
Will ich rasch mich ihr entziehen,
Mich ermannen, ihr entfliehen,
Führet mich im Augenblick,
Ach, mein Weg zu ihr zurück.

Und an diesem Zauberfädchen,
Das sich nicht zerreißen läßt,
Hält das liebe, lose Mädchen
Mich so wider Willen fest;
Muß in ihrem Zauberkreise
Leben nun auf ihre Weise.
Die Verändrung, ach, wie groß!
Liebe! Liebe! laß mich los!

Mailied

Wie herrlich leuchtet
Mir die Natur!
Wie glänzt die Sonne!
Wie lacht die Flur!

Es dringen Blüten
Aus jedem Zweig
Und tausend Stimmen
Aus dem Gesträuch,

Und Freud und Wonne
Aus jeder Brust.
O Erd, o Sonne,
O Glück, o Lust!

O Lieb, o Liebe!
So golden schön,
Wie Morgenwolken
Auf jenen Höhn!

Du segnest herrlich
Das frische Feld,
Im Blütendampfe
Die volle Welt.

O Mädchen, Mädchen,
Wie lieb ich dich!
Wie blinkt dein Auge!
Wie liebst du mich!

So liebt die Lerche
Gesang und Luft,
Und Morgenblumen
Den Himmelsduft,

Wie ich dich liebe
Mit warmem Blut,
Die du mir Jugend
Und Freud und Mut

Zu neuen Liedern
Und Tänzen gibst.
Sei ewig glücklich,
Wie du mich liebst!

Rastlose Liebe

Dem Schnee, dem Regen,
Dem Wind entgegen,
Im Dampf der Klüfte,
Durch Nebeldüfte,
Immer zu! Immer zu!
Ohne Rast und Ruh!

Lieber durch Leiden
Möcht ich mich schlagen,
Als so viel Freuden
Des Lebens ertragen.
Alle das Neigen
Von Herzen zu Herzen,
Ach, wie so eigen
Schaffet das Schmerzen!

Wie soll ich fliehen?
Wälderwärts ziehen?
Alles vergebens!
Krone des Lebens,
Glück ohne Ruh,
Liebe, bist du!

Nachtgesang

O gib vom weichen Pfühle,
Träumend, ein halb Gehör!
Bei meinem Saitenspiele
Schlafe! was willst du mehr?

Bei meinem Saitenspiele
Segnet der Sterne Heer
Die ewigen Gefühle;
Schlafe! was willst du mehr?

Die ewigen Gefühle
Heben mich, hoch und hehr,
Aus irdischem Gewühle;
Schlafe! was willst du mehr?

Vom irdischen Gewühle
Trennst du mich nur zu sehr,
Bannst mich in diese Kühle;
Schlafe! was willst du mehr?

Bannst mich in diese Kühle,
Gibst nur im Traum Gehör.
Ach, auf dem weichen Pfühle
Schlafe! was willst du mehr?

Ein gleiches

Über allen Gipfeln
Ist Ruh;
In allen Wipfeln
Spürest du
Kaum einen Hauch;
Die Vögelein schweigen im Walde.
Warte nur, balde
Ruhest du auch.

An den Mond

Füllest wieder Busch und Tal
Still mit Nebelglanz,
Lösest endlich auch einmal
Meine Seele ganz;

Breitest über mein Gefild
Lindernd deinen Blick,
Wie des Freundes Auge mild
Über mein Geschick.

Jeden Nachklang fühlt mein Herz
Froh und trüber Zeit,
Wandle zwischen Freud und Schmerz
In der Einsamkeit.

Fließe, fließe, lieber Fluß!
Nimmer werd ich froh;
So verrauschte Scherz und Kuß
Und die Treue so.

Ich besaß es doch einmal,
Was so köstlich ist!
Daß man doch zu seiner Qual
Nimmer es vergißt!

Rausche, Fluß, das Tal entlang,
Ohne Rast und Ruh,
Rausche, flüstre meinem Sang
Melodien zu,

Wenn du in der Winternacht
Wütend überschwillst,
Oder um die Frühlingspracht
Junger Knospen quillst.

Selig, wer sich vor der Welt
Ohne Haß verschließt,
Einen Freund am Busen hält
Und mit dem genießt,

Was, von Menschen nicht gewußt,
Oder nicht bedacht,
Durch das Labyrinth der Brust
Wandelt in der Nacht.

Vanitas!
vanitatum vanitas!

Ich hab mein Sach auf nichts gestellt,
  Juchhe!
Drum ist's so wohl mir in der Welt;
  Juchhe!
Und wer will mein Kamerade sein,
Der stoße mit an, der stimme mit ein
Bei dieser Neige Wein.

Ich stellt mein Sach auf Geld und Gut,
  Juchhe!
Darüber verlor ich Freud und Mut;
  O weh!
Die Münze rollte hier und dort,
Und hascht ich sie an einem Ort,
Am andern war sie fort.

Auf Weiber stellt ich nun mein Sach,
  Juchhe!
Daher mir kam viel Ungemach;
  O weh!
Die Falsche sucht' sich ein ander Teil,
Die Treue macht' mir Langeweil,
Die Beste war nicht feil.

Ich stellt mein Sach auf Reis' und Fahrt,
	Juchhe!
Und ließ meine Vaterlandesart;
	O weh!
Und mir behagt' es nirgends recht,
Die Kost war fremd, das Bett war schlecht,
Niemand verstand mich recht.

Ich stellt mein Sach auf Ruhm und Ehr,
	Juchhe!
Und sieh! gleich hatt ein andrer mehr;
	O weh!
Wie ich mich hatt hervorgetan,
Da sahen die Leute scheel mich an,
Hatte keinem recht getan.

Ich setzt mein Sach auf Kampf und Krieg,
	Juchhe!
Und uns gelang so mancher Sieg;
	Juchhe!
Wir zogen in Feindes Land hinein,
Dem Freunde sollt's nicht viel besser sein,
Und ich verlor ein Bein.

Nun hab ich mein Sach auf nichts gestellt,
    Juchhe!
Und mein gehört die ganze Welt;
    Juchhe!
Zu Ende geht nun Sang und Schmaus.
Nur trinkt mir alle Neigen aus;
Die letzte muß heraus!

Zum neuen Jahr

Zwischen dem Alten,
Zwischen dem Neuen
Hier uns zu freuen,
Schenkt uns das Glück,
Und das Vergangne
Heißt mit Vertrauen
Vorwärts zu schauen,
Schauen zurück.

Stunden der Plage,
Leider, sie scheiden
Treue von Leiden,
Liebe von Lust;
Bessere Tage
Sammeln uns wieder,
Heitere Lieder
Stärken die Brust.

Leiden und Freuden,
Jener verschwundnen,
Sind die Verbundnen
Fröhlich gedenk.

O des Geschickes
Seltsamer Windung!
Alte Verbindung,
Neues Geschenk!

Dankt es dem regen
Wogenden Glücke!
Dankt dem Geschicke
Männiglich Gut;
Freut euch des Wechsels
Heiterer Triebe,
Offener Liebe,
Heimlicher Glut!

Andere schauen
Deckende Falten
Über dem Alten
Traurig und scheu;
Aber uns leuchtet
Freundliche Treue;
Sehet, das Neue
Findet uns neu.

So wie im Tanze
Bald sich verschwindet,
Wieder sich findet
Liebendes Paar:

So durch des Lebens
Wirrende Beugung
Führe die Neigung
Uns in das Jahr.

Ländlich

Die Nachtigall, sie war entfernt,
Der Frühling lockt sie wieder;
Was Neues hat sie nicht gelernt,
Singt alte, liebe Lieder.

Ein andres

Geh! gehorche meinen Winken,
Nutze deine jungen Tage,
Lerne zeitig klüger sein.
Auf des Glückes großer Waage
Steht die Zunge selten ein;
Du mußt steigen oder sinken,
Du mußt herrschen und gewinnen,
Oder dienen und verlieren,
Leiden oder triumphieren,
Amboß oder Hammer sein.

Freisinn

Laßt mich nur auf meinem Sattel gelten!
Bleibt in euren Hütten, euren Zelten!
Und ich reite froh in alle Ferne,
Über meiner Mütze nur die Sterne.

Balladen

Mignon 1

Kennst du das Land, wo die Zitronen blühn,
Im dunkeln Laub die Goldorangen glühn,
Ein sanfter Wind vom blauen Himmel weht,
Die Myrte still und hoch der Lorbeer steht,
Kennst du es wohl? – Dahin! Dahin
Möcht ich mit dir, o mein Geliebter, ziehn.

Kennst du das Haus? Auf Säulen ruht sein Dach,
Es glänzt der Saal, es schimmert das Gemach,
Und Marmorbilder stehn und sehn mich an:
Was hat man dir, du armes Kind, getan?
Kennst du es wohl? – Dahin! Dahin
Möcht ich mit dir, o mein Beschützer, ziehn.

Kennst du den Berg und seinen Wolkensteg?
Das Maultier sucht im Nebel seinen Weg;
In Höhlen wohnt der Drachen alte Brut;
Es stürzt der Fels und über ihn die Flut,
Kennst du ihn wohl? – Dahin! Dahin
Geht unser Weg! o Vater, laß uns ziehn!

Der Sänger

Was hör ich draußen vor dem Tor,
Was auf der Brücke schallen?
Laß den Gesang vor unserm Ohr
Im Saale widerhallen!
Der König sprach's, der Page lief;
Der Knabe kam, der König rief:
Laßt mir herein den Alten!

Gegrüßet seid mir, edle Herrn,
Gegrüßt ihr, schöne Damen!
Welch reicher Himmel! Stern bei Stern!
Wer kennet ihre Namen?
Im Saal voll Pracht und Herrlichkeit
Schließt, Augen, euch; hier ist nicht Zeit,
Sich staunend zu ergetzen.

Der Sänger drückt' die Augen ein
Und schlug in vollen Tönen;
Die Ritter schauten mutig drein,
Und in den Schoß die Schönen.
Der König, dem das Lied gefiel,
Ließ, ihn zu ehren für sein Spiel,
Eine goldne Kette holen.

Die goldne Kette gib mir nicht,
Die Kette gib den Rittern,
Vor deren kühnem Angesicht
Der Feinde Lanzen splittern;
Gib sie dem Kanzler, den du hast,
Und laß ihn noch die goldne Last
Zu andern Lasten tragen.

Ich singe, wie der Vogel singt,
Der in den Zweigen wohnet;
Das Lied, das aus der Kehle dringt,
Ist Lohn, der reichlich lohnet.
Doch darf ich bitten, bitt ich eins:
Laß mir den besten Becher Weins
In purem Golde reichen.

Er setzt' ihn an, er trank ihn aus:
O Trank voll süßer Labe!
O wohl dem hochbeglückten Haus,
Wo das ist kleine Gabe!
Ergeht's euch wohl, so denkt an mich,
Und danket Gott so warm, als ich
Für diesen Trunk euch danke.

Das Veilchen

Ein Veilchen auf der Wiese stand
Gebückt in sich und unbekannt;
Es war ein herzigs Veilchen.
Da kam eine junge Schäferin,
Mit leichtem Schritt und munterm Sinn,
Daher, daher,
Die Wiese her, und sang.

Ach! denkt das Veilchen, wär ich nur
Die schönste Blume der Natur,
Ach, nur ein kleines Weilchen,
Bis mich das Liebchen abgepflückt
Und an dem Busen mattgedrückt!
Ach nur, ach nur
Ein Viertelstündchen lang!

Ach! aber ach! das Mädchen kam
Und nicht in acht das Veilchen nahm,
Ertrat das arme Veilchen.
Es sank und starb und freut' sich noch:
Und sterb ich denn, so sterb ich doch
Durch sie, durch sie,
Zu ihren Füßen doch.

Erlkönig

Wer reitet so spät durch Nacht und Wind?
Es ist der Vater mit seinem Kind;
Er hat den Knaben wohl in dem Arm,
Er faßt ihn sicher, er hält ihn warm.

»Mein Sohn, was birgst du so bang dein
    Gesicht?« –
»Siehst, Vater, du den Erlkönig nicht?
Den Erlenkönig mit Kron und Schweif?« –
»Mein Sohn, es ist ein Nebelstreif.« –

›Du liebes Kind, komm, geh mit mir!
Gar schöne Spiele spiel ich mit dir;
Manch bunte Blumen sind an dem Strand,
Meine Mutter hat manch gülden Gewand.‹

»Mein Vater, mein Vater, und hörest du nicht,
Was Erlenkönig mir leise verspricht?« –
»Sei ruhig, bleibe ruhig, mein Kind!
In dürren Blättern säuselt der Wind.« –

›Willst, feiner Knabe, du mit mir gehn?
Meine Töchter sollen dich warten schön;
Meine Töchter führen den nächtlichen Reihn
Und wiegen und tanzen und singen dich ein.‹ –

»Mein Vater, mein Vater, und siehst du nicht dort
Erlkönigs Töchter am düstern Ort?« –
»Mein Sohn, mein Sohn, ich seh es genau:
Es scheinen die alten Weiden so grau.« –

›Ich liebe dich, mich reizt deine schöne Gestalt;
Und bist du nicht willig, so brauch ich Gewalt.‹ –
»Mein Vater, mein Vater, jetzt faßt er mich an!
Erlkönig hat mir ein Leids getan!« –

Dem Vater grauset's, er reitet geschwind,
Er hält in Armen das ächzende Kind,
Erreicht den Hof mit Mühe und Not;
In seinen Armen das Kind war tot.

Der Fischer

Das Wasser rauscht', das Wasser schwoll,
Ein Fischer saß daran,
Sah nach dem Angel ruhevoll,
Kühl bis ans Herz hinan.
Und wie er sitzt und wie er lauscht,
Teilt sich die Flut empor:
Aus dem bewegten Wasser rauscht
Ein feuchtes Weib hervor.

Sie sang zu ihm, sie sprach zu ihm:
Was lockst du meine Brut
Mit Menschenwitz und Menschenlist
Hinauf in Todesglut?
Ach, wüßtest du, wie's Fischlein ist
So wohlig auf dem Grund,
Du stiegst herunter, wie du bist,
Und würdest erst gesund.

Labt sich die liebe Sonne nicht,
Der Mond sich nicht im Meer?
Kehrt wellenatmend ihr Gesicht
Nicht doppelt schöner her?
Lockt dich der tiefe Himmel nicht,
Das feuchtverklärte Blau?

Lockt dich dein eigen Angesicht
Nicht her in ewgen Tau?

Das Wasser rauscht', das Wasser schwoll,
Netzt' ihm den nackten Fuß;
Sein Herz wuchs ihm so sehnsuchtsvoll,
Wie bei der Liebsten Gruß.
Sie sprach zu ihm, sie sang zu ihm;
Da war's um ihn geschehn:
Halb zog sie ihn, halb sank er hin
Und ward nicht mehr gesehn.

Der König in Thule

Es war ein König in Thule,
Gar treu bis an das Grab,
Dem sterbend seine Buhle
Einen goldnen Becher gab.

Es ging ihm nichts darüber,
Er leert' ihn jeden Schmaus;
Die Augen gingen ihm über,
So oft er trank daraus.

Und als er kam zu sterben,
Zählt' er seine Städt im Reich,
Gönnt' alles seinem Erben,
Den Becher nicht zugleich.

Er saß beim Königsmahle,
Die Ritter um ihn her,
Auf hohem Vätersaale
Dort auf dem Schloß am Meer.

Dort stand der alte Zecher,
Trank letzte Lebensglut
Und warf den heilgen Becher
Hinunter in die Flut.

Er sah ihn stürzen, trinken
Und sinken tief ins Meer.
Die Augen täten ihm sinken,
Trank nie einen Tropfen mehr.

Der Schatzgräber

Arm am Beutel, krank am Herzen
Schleppt ich meine langen Tage.
Armut ist die größte Plage,
Reichtum ist das höchste Gut!
Und, zu enden meine Schmerzen,
Ging ich, einen Schatz zu graben.
Meine Seele sollst du haben!
Schrieb ich hin mit eignem Blut.

Und so zog ich Kreis' um Kreise,
Stellte wunderbare Flammen,
Kraut und Knochenwerk zusammen:
Die Beschwörung war vollbracht.
Und auf die gelernte Weise
Grub ich nach dem alten Schatze
Auf dem angezeigten Platze;
Schwarz und stürmisch war die Nacht.

Und ich sah ein Licht von weiten,
Und es kam gleich einem Sterne
Hinten aus der fernsten Ferne,
Eben als es zwölfe schlug.
Und da galt kein Vorbereiten;
Heller ward's mit einem Male

Von dem Glanz der vollen Schale,
Die ein schöner Knabe trug.

Holde Augen sah ich blinken
Unter dichtem Blumenkranze;
In des Trankes Himmelsglanze
Trat er in den Kreis herein.
Und er hieß mich freundlich trinken;
Und ich dacht: es kann der Knabe
Mit der schönen lichten Gabe
Wahrlich nicht der Böse sein.

Trinke Mut des reinen Lebens!
Dann verstehst du die Belehrung,
Kommst mit ängstlicher Beschwörung
Nicht zurück an diesen Ort.
Grabe hier nicht mehr vergebens!
Tages Arbeit, abends Gäste!
Saure Wochen, frohe Feste!
Sei dein künftig Zauberwort.

Der Totentanz

Der Türmer, der schaut zu mitten der Nacht
Hinab auf die Gräber in Lage;
Der Mond, der hat alles ins Helle gebracht:
Der Kirchhof, er liegt wie am Tage.
Da regt sich ein Grab und ein anderes dann:
Sie kommen hervor, ein Weib da, ein Mann,
In weißen und schleppenden Hemden.

Das reckt nun, es will sich ergetzen sogleich,
Die Knöchel zur Runde, zum Kranze,
So arm und so jung und so alt und so reich;
Doch hindern die Schleppen am Tanze.
Und weil hier die Scham nun nicht weiter gebeut,
Sie schütteln sich alle: da liegen zerstreut
Die Hemdelein über den Hügeln.

Nun hebt sich der Schenkel, nun wackelt das
    Bein,
Gebärden da gibt es, vertrackte;
Dann klippert's und klappert's mitunter hinein,
Als schlüg man die Hölzlein zum Takte.
Das kommt nun dem Türmer so lächerlich vor;
Da raunt ihm der Schalk, der Versucher, ins Ohr:
Geh! hole dir einen der Laken.

Getan wie gedacht! und er flüchtet sich schnell
Nun hinter geheiligte Türen.
Der Mond, und noch immer er scheinet so hell
Zum Tanz, den sie schauderlich führen.
Doch endlich verlieret sich dieser und der,
Schleicht eins nach dem andern gekleidet einher,
Und husch! ist es unter dem Rasen.

Nur einer, der trippelt und stolpert zuletzt
Und tappet und grapst an den Grüften;
Doch hat kein Geselle so schwer ihn verletzt,
Er wittert das Tuch in den Lüften.
Er rüttelt die Turmtür, sie schlägt ihn zurück,
Geziert und gesegnet, dem Türmer zum Glück:
Sie blinkt von metallenen Kreuzen.

Das Hemd muß er haben, da rastet er nicht,
Da gilt auch kein langes Besinnen,
Den gotischen Zierat ergreift nun der Wicht
Und klettert von Zinne zu Zinnen.
Nun ist's um den armen, den Türmer getan!
Es ruckt sich von Schnörkel zu Schnörkel hinan,
Langbeinigen Spinnen vergleichbar.

Der Türmer erbleichet, der Türmer erbebt,
Gern gäb er ihn wieder, den Laken.
Da häkelt – jetzt hat er am längsten gelebt –

Den Zipfel ein eiserner Zacken.
Schon trübet der Mond sich verschwindenden
  Scheins,
Die Glocke, sie donnert ein mächtiges Eins,
Und unten zerschellt das Gerippe.

Der Zauberlehrling

Hat der alte Hexenmeister
Sich doch einmal wegbegeben!
Und nun sollen seine Geister
Auch nach meinem Willen leben.
Seine Wort' und Werke
Merkt ich und den Brauch,
Und mit Geistesstärke
Tu ich Wunder auch.

Walle! walle
Manche Strecke
Daß, zum Zwecke,
Wasser fließe
Und mit reichem, vollem Schwalle
Zu dem Bade sich ergieße.

Und nun komm, du alter Besen,
Nimm die schlechten Lumpenhüllen!
Bist schon lange Knecht gewesen;
Nun erfülle meinen Willen!
Auf zwei Beinen stehe,
Oben sei ein Kopf!
Eile nun und gehe
Mit dem Wassertopf!

Walle! walle
Manche Strecke,
Daß, zum Zwecke,
Wasser fließe
Und mit reichem, vollem Schwalle
Zu dem Bade sich ergieße.

Seht, er läuft zum Ufer nieder;
Wahrlich! ist schon an dem Flusse,
Und mit Blitzesschnelle wieder
Ist er hier mit raschem Gusse.
Schon zum zweitenmale!
Wie das Becken schwillt!
Wie sich jede Schale
Voll mit Wasser füllt!

Stehe! stehe!
Denn wir haben
Deiner Gaben
Vollgemessen! –
Ach, ich merk es! Wehe! wehe!
Hab ich doch das Wort vergessen!

Ach, das Wort, worauf am Ende
Er das wird, was er gewesen.
Ach, er läuft und bringt behende!
Wärst du doch der alte Besen!

Immer neue Güsse
Bringt er schnell herein,
Ach, und hundert Flüsse
Stürzen auf mich ein.

Nein, nicht länger
Kann ich's lassen;
Will ihn fassen.
Das ist Tücke!
Ach, nun wird mir immer bänger!
Welche Miene! welche Blicke!

O du Ausgeburt der Hölle!
Soll das ganze Haus ersaufen?
Seh ich über jede Schwelle
Doch schon Wasserströme laufen.
Ein verruchter Besen,
Der nicht hören will!
Stock, der du gewesen,
Steh doch wieder still!

Willst's am Ende
Gar nicht lassen?
Will dich fassen,
Will dich halten
Und das alte Holz behende
Mit dem scharfen Beile spalten.

Seht, da kommt er schleppend wieder!
Wie ich mich nun auf dich werfe,
Gleich, o Kobold, liegst du nieder;
Krachend trifft die glatte Schärfe.
Wahrlich, brav getroffen!
Seht, er ist entzwei!
Und nun kann ich hoffen,
Und ich atme frei!

  Wehe! wehe!
  Beide Teile
  Stehn in Eile
  Schon als Knechte
  Völlig fertig in die Höhe!
  Helft mir, ach! ihr hohen Mächte!

Und sie laufen! Naß und nässer
Wird's im Saal und auf den Stufen;
Welch entsetzliches Gewässer!
Herr und Meister! hör mich rufen! –
Ach, da kommt der Meister!
Herr, die Not ist groß!
Die ich rief, die Geister
Werd ich nun nicht los.

  »In die Ecke,
  Besen! Besen!

Seid's gewesen.
Denn als Geister
Ruft euch nur, zu seinem Zwecke,
Erst hervor der alte Meister.«

Der Gott und die Bajadere
Indische Legende

Mahadöh, der Herr der Erde,
Kommt herab zum sechstenmal,
Daß er unsersgleichen werde,
Mitzufühlen Freud und Qual.
Er bequemt sich, hier zu wohnen,
Läßt sich alles selbst geschehn;
Soll er strafen oder schonen,
Muß er Menschen menschlich sehn.
Und hat er die Stadt sich als Wandrer betrachtet,
Die Großen belauert, auf Kleine geachtet,
Verläßt er sie abends, um weiter zu gehn.

Als er nun hinausgegangen,
Wo die letzten Häuser sind,
Sieht er, mit gemalten Wangen,
Ein verlornes schönes Kind:
Grüß dich, Jungfrau! – Dank der Ehre!
Wart, ich komme gleich hinaus –
Und wer bist du? – Bajadere,
Und dies ist der Liebe Haus.
Sie rührt sich, die Zimbeln zum Tanze zu schlagen;
Sie weiß sich so lieblich im Kreise zu tragen,
Sie neigt sich und biegt sich und reicht ihm
    den Strauß.

Schmeichelnd zieht sie ihn zur Schwelle,
Lebhaft ihn ins Haus hinein.
Schöner Fremdling, lampenhelle
Soll sogleich die Hütte sein.
Bist du müd, ich will dich laben,
Lindern deiner Füße Schmerz.
Was du willst, das sollst du haben,
Ruhe, Freuden oder Scherz.
Sie lindert geschäftig geheuchelte Leiden.
Der Göttliche lächelt; er siehet mit Freuden
Durch tiefes Verderben ein menschliches Herz.

Und er fordert Sklavendienste;
Immer heitrer wird sie nur,
Und des Mädchens frühe Künste
Werden nach und nach Natur.
Und so stellet auf die Blüte
Bald und bald die Frucht sich ein;
Ist Gehorsam im Gemüte,
Wird nicht fern die Liebe sein.
Aber, sie schärfer und schärfer zu prüfen,
Wählet der Kenner der Höhen und Tiefen
Lust und Entsetzen und grimmige Pein.

Und er küßt die bunten Wangen,
Und sie fühlt der Liebe Qual,
Und das Mädchen steht gefangen,

Und sie weint zum erstenmal;
Sinkt zu seinen Füßen nieder,
Nicht um Wollust noch Gewinst,
Ach! und die gelenken Glieder,
Sie versagen allen Dienst.
Und so zu des Lagers vergnüglicher Feier
Bereiten den dunkeln behaglichen Schleier
Die nächtlichen Stunden, das schöne Gespinst.

Spät entschlummert unter Scherzen,
Früh erwacht nach kurzer Rast,
Findet sie an ihrem Herzen
Tot den vielgeliebten Gast.
Schreiend stürzt sie auf ihn nieder,
Aber nicht erweckt sie ihn,
Und man trägt die starren Glieder
Bald zur Flammengrube hin.
Sie höret die Priester, die Totengesänge,
Sie raset und rennet und teilet die Menge.
Wer bist du? was drängt zu der Grube dich hin?

Bei der Bahre stürzt sie nieder,
Ihr Geschrei durchdringt die Luft:
Meinen Gatten will ich wieder!
Und ich such ihn in der Gruft.
Soll zu Asche mir zerfallen
Dieser Glieder Götterpracht?

Mein! er war es, mein vor allen!
Ach, nur *eine* süße Nacht!
Es singen die Priester: Wir tragen die Alten,
Nach langem Ermatten und spätem Erkalten,
Wir tragen die Jugend, noch eh sie's gedacht.

Höre deiner Priester Lehre:
Dieser war dein Gatte nicht.
Lebst du doch als Bajadere,
Und so hast du keine Pflicht.
Nur dem Körper folgt der Schatten
In das stille Totenreich;
Nur die Gattin folgt dem Gatten:
Das ist Pflicht und Ruhm zugleich.
Ertöne, Drommete, zu heiliger Klage!
O nehmet, ihr Götter! die Zierde der Tage,
O nehmet den Jüngling in Flammen zu euch!

So das Chor, das ohn Erbarmen
Mehret ihres Herzens Not;
Und mit ausgestreckten Armen
Springt sie in den heißen Tod.
Doch der Götter-Jüngling hebet
Aus der Flamme sich empor,
Und in seinen Armen schwebet
Die Geliebte mit hervor.

Es freut sich die Gottheit der reuigen Sünder;
Unsterbliche heben verlorene Kinder
Mit feurigen Armen zum Himmel empor.

Betrachtungen

Zum Sehen geboren

Zum Sehen geboren,
Zum Schauen bestellt,
Dem Turme geschworen,
Gefällt mir die Welt.
Ich blick' in die Ferne,
Ich seh' in der Näh'
Den Mond und die Sterne,
Den Wald und das Reh.
So seh' ich in allen
Die ewige Zier,
Und wie mir's gefallen,
Gefall' ich auch mir.
Ihr glücklichen Augen,
Was je ihr gesehn,
Es sei wie es wolle,
Es war doch so schön!

Mahomets Gesang

Seht den Felsenquell,
Freudehell,
Wie ein Sternenblick;
Über Wolken
Nährten seine Jugend
Gute Geister
Zwischen Klippen im Gebüsch.

Jünglingfrisch
Tanzt er aus der Wolke
Auf die Marmorfelsen nieder,
Jauchzet wieder
Nach dem Himmel.

Durch die Gipfelgänge
Jagt er bunten Kieseln nach,
Und mit frühem Führertritt
Reißt er seine Bruderquellen
Mit sich fort.

Drunten werden in dem Tal
Unter seinem Fußtritt Blumen,
Und die Wiese
Lebt von seinem Hauch.

Doch ihn hält kein Schattental,
Keine Blumen,
Die ihm seine Knie umschlingen,
Ihm mit Liebesaugen schmeicheln:
Nach der Ebne dringt sein Lauf,
Schlangenwandelnd.

Bäche schmiegen
Sich gesellig an. Nun tritt er
In die Ebne silberprangend,
Und die Ebne prangt mit ihm,
Und die Flüsse von der Ebne
Und die Bäche von den Bergen
Jauchzen ihm und rufen: Bruder!
Bruder, nimm die Brüder mit,
Mit zu deinem alten Vater,
Zu dem ewgen Ozean,
Der mit ausgespannten Armen
Unser wartet,
Die sich, ach! vergebens öffnen,
Seine Sehnenden zu fassen;
Denn uns frißt in öder Wüste
Gierger Sand; die Sonne droben
Saugt an unserm Blut; ein Hügel
Hemmet uns zum Teiche! Bruder,
Nimm die Brüder von der Ebne,

Nimm die Brüder von den Bergen
Mit, zu deinem Vater mit!

Kommt ihr alle! –
Und nun schwillt er
Herrlicher; ein ganz Geschlechte
Trägt den Fürsten hoch empor!
Und im rollenden Triumphe
Gibt er Ländern Namen, Städte
Werden unter seinem Fuß.

Unaufhaltsam rauscht er weiter,
Läßt der Türme Flammengipfel,
Marmorhäuser, eine Schöpfung
Seiner Fülle, hinter sich.

Zedernhäuser trägt der Atlas
Auf den Riesenschultern; sausend
Wehen über seinem Haupte
Tausend Flaggen durch die Lüfte,
Zeugen seiner Herrlichkeit.

Und so trägt er seine Brüder,
Seine Schätze, seine Kinder
Dem erwartenden Erzeuger
Freudebrausend an das Herz.

Gesang der Geister
über den Wassern

Des Menschen Seele
Gleicht dem Wasser:
Vom Himmel kommt es,
Zum Himmel steigt es,
Und wieder nieder
Zur Erde muß es,
Ewig wechselnd.

Strömt von der hohen,
Steilen Felswand
Der reine Strahl,
Dann stäubt er lieblich
In Wolkenwellen
Zum glatten Fels,
Und leicht empfangen,
Wallt er verschleiernd,
Leisrauschend
Zur Tiefe nieder.

Ragen Klippen
Dem Sturz entgegen,
Schäumt er unmutig
Stufenweise
Zum Abgrund.

Im flachen Bette
Schleicht er das Wiesental hin,
Und in dem glatten See
Weiden ihr Antlitz
Alle Gestirne.

Wind ist der Welle
Lieblicher Buhler;
Wind mischt vom Grund aus
Schäumende Wogen.

Seele des Menschen,
Wie gleichst du dem Wasser!
Schicksal des Menschen,
Wie gleichst du dem Wind!

Meine Göttin

Welcher Unsterblichen
Soll der höchste Preis sein?
Mit niemand streit ich,
Aber ich geb ihn
Der ewig beweglichen,
Immer neuen,
Seltsamsten Tochter Jovis,
Seinem Schoßkinde,
Der Phantasie.

Denn ihr hat er
Alle Launen,
Die er sonst nur allein
Sich vorbehält,
Zugestanden
Und hat seine Freude
An der Törin.

Sie mag rosenbekränzt
Mit dem Lilienstengel
Blumentäler betreten,
Sommervögeln gebieten
Und leicht nährenden Tau
Mit Bienenlippen
Von Blüten saugen;

Oder sie mag
Mit fliegendem Haar
Und düsterm Blicke
Im Winde sausen
Um Felsenwände
Und tausendfarbig,
Wie Morgen und Abend,
Immer wechselnd
Wie Mondesblicke,
Den Sterblichen scheinen.

Laßt uns alle
Den Vater preisen!
Den alten, hohen,
Der solch eine schöne
Unverwelkliche Gattin
Dem sterblichen Menschen
Gesellen mögen!

Denn uns allein
Hat er sie verbunden
Mit Himmelsband
Und ihr geboten,
In Freud und Elend
Als treue Gattin
Nicht zu entweichen.

Alle die andern
Armen Geschlechter
Der kinderreichen
Lebendigen Erde
Wandeln und weiden
In dunkelm Genuß
Und trüben Schmerzen
Des augenblicklichen
Beschränkten Lebens,
Gebeugt vom Joche
Der Notdurft.

Uns aber hat er
Seine gewandteste,
Verzärtelte Tochter,
Freut euch! gegönnt.
Begegnet ihr lieblich,
Wie einer Geliebten!
Laßt ihr die Würde
Der Frauen im Haus!

Und daß die alte
Schwiegermutter Weisheit
Das zarte Seelchen
Ja nicht beleidge!

Doch kenn ich ihre Schwester,
Die ältere, gesetztere,
Meine stille Freundin:
O daß die erst
Mit dem Lichte des Lebens
Sich von mir wende,
Die edle Treiberin,
Trösterin, Hoffnung!

Grenzen der Menschheit

Wenn der uralte,
Heilige Vater
Mit gelassener Hand
Aus rollenden Wolken
Segnende Blitze
Über die Erde sät,
Küß ich den letzten
Saum seines Kleides,
Kindliche Schauer
Treu in der Brust.

Denn mit Göttern
Soll sich nicht messen
Irgend ein Mensch.
Hebt er sich aufwärts
Und berührt
Mit dem Scheitel die Sterne,
Nirgends haften dann
Die unsichern Sohlen,
Und mit ihm spielen
Wolken und Winde.

Steht er mit festen,
Markigen Knochen
Auf der wohlgegründeten

Dauernden Erde,
Reicht er nicht auf,
Nur mit der Eiche
Oder der Rebe
Sich zu vergleichen.

Was unterscheidet
Götter von Menschen?
Daß viele Wellen
Vor jenen wandeln,
Ein ewiger Strom:
Uns hebt die Welle,
Verschlingt die Welle,
Und wir versinken.

Ein kleiner Ring
Begrenzt unser Leben,
Und viele Geschlechter
Reihen sich dauernd
An ihres Daseins
Unendliche Kette.

Das Göttliche

Edel sei der Mensch,
Hilfreich und gut!
Denn das allein
Unterscheidet ihn
Von allen Wesen,
Die wir kennen.

Heil den unbekannten
Höhern Wesen,
Die wir ahnen!
Ihnen gleiche der Mensch;
Sein Beispiel lehr uns
Jene glauben.

Denn unfühlend
Ist die Natur:
Es leuchtet die Sonne
Über Bös' und Gute,
Und dem Verbrecher
Glänzen, wie dem Besten,
Der Mond und die Sterne.

Wind und Ströme,
Donner und Hagel
Rauschen ihren Weg

Und ergreifen
Vorübereilend
Einen um den andern.

Auch so das Glück
Tappt unter die Menge,
Faßt bald des Knaben
Lockige Unschuld,
Bald auch den kahlen
Schuldigen Scheitel.

Nach ewigen, ehrnen,
Großen Gesetzen
Müssen wir alle
Unseres Daseins
Kreise vollenden.

Nur allein der Mensch
Vermag das Unmögliche;
Er unterscheidet,
Wählet und richtet;
Er kann dem Augenblick
Dauer verleihen.

Er allein darf
Den Guten lohnen,
Den Bösen strafen,

Heilen und retten,
Alles Irrende, Schweifende
Nützlich verbinden.

Und wir verehren
Die Unsterblichen,
Als wären sie Menschen,
Täten im großen,
Was der Beste im kleinen
Tut oder möchte.

Der edle Mensch
Sei hilfreich und gut!
Unermüdet schaff er
Das Nützliche, Rechte,
Sei uns ein Vorbild
Jener geahneten Wesen!

Nur wer die Sehnsucht kennt,
Weiß, was ich leide!
Allein und abgetrennt
Von aller Freude,
Seh ich ans Firmament
Nach jener Seite.

Ach! der mich liebt und kennt,
Ist in der Weite.
Es schwindelt mir, es brennt
Mein Eingeweide.
Nur wer die Sehnsucht kennt,
Weiß, was ich leide!

Harfenspieler

Wer nie sein Brot mit Tränen aß,
Wer nie die kummervollen Nächte
Auf seinem Bette weinend saß,
Der kennt euch nicht, ihr himmlischen Mächte.

Ihr führt ins Leben uns hinein,
Ihr laßt den Armen schuldig werden,
Dann überlaßt ihr ihn der Pein;
Denn alle Schuld rächt sich auf Erden.

Philine

Singet nicht in Trauertönen
Von der Einsamkeit der Nacht;
Nein, sie ist, o holde Schönen,
Zur Geselligkeit gemacht.

Wie das Weib dem Mann gegeben
Als die schönste Hälfte war,
Ist die Nacht das halbe Leben,
Und die schönste Hälfte zwar.

Könnt ihr euch des Tages freuen,
Der nur Freuden unterbricht?
Er ist gut, sich zu zerstreuen;
Zu was anderm taugt er nicht.

Aber wenn in nächtger Stunde
Süßer Lampe Dämmrung fließt,
Und vom Mund zum nahen Munde
Scherz und Liebe sich ergießt;

Wenn der rasche lose Knabe,
Der sonst wild und feurig eilt,
Oft bei einer kleinen Gabe
Unter leichten Spielen weilt;

Wenn die Nachtigall Verliebten
Liebevoll ein Liedchen singt,
Das Gefangnen und Betrübten
Nur wie Ach und Wehe klingt:

Mit wie leichtem Herzensregen
Horchet ihr der Glocke nicht,
Die mit zwölf bedächtgen Schlägen
Ruh und Sicherheit verspricht!

Darum an dem langen Tage
Merke dir es, liebe Brust:
Jeder Tag hat seine Plage,
Und die Nacht hat ihre Lust.

Wenn ihrs nicht fühlt

Wenn ihrs nicht fühlt, ihr werdets nicht erjagen,
Wenns euch nicht aus der Seele dringt
Und mit urkräftigem Behagen
Die Herzen aller Hörer zwingt.

Wenn in Wäldern
Baum an Bäumen

Wenn in Wäldern Baum an Bäumen,
Bruder sich mit Bruder nähret,
Sei das Wandern, sei das Träumen
Unverwehrt und ungestöret;
Doch wo einzelne Gesellen
Zierlich miteinander streben,
Sich zum schönen Ganzen stellen,
Das ist Freude, das ist Leben.

Gedichte

Gedichte sind gemalte Fensterscheiben!
Sieht man vom Markt in die Kirche hinein,
Da ist alles dunkel und düster;
Und so sieht's auch der Herr Philister:
Der mag denn wohl verdrießlich sein
Und lebenslang verdrießlich bleiben.

Kommt aber nur einmal herein,
Begrüßt die heilige Kapelle!
Da ist's auf einmal farbig helle,
Geschicht und Zierat glänzt in Schnelle,
Bedeutend wirkt ein edler Schein;
Dies wird euch Kindern Gottes taugen,
Erbaut euch und ergötzt die Augen!

Séance

Hier ist's, wo unter eignem Namen
Die Buchstaben sonst zusammenkamen.
Mit Scharlachkleidern angetan,
Saßen die Selbstlauter obenan:
A, E, I, O und U dabei,
Machten gar ein seltsam Geschrei.
Die Mitlauter kamen mit steifen Schritten,
Mußten erst um Erlaubnis bitten.
Präsident A war ihnen geneigt;
Da wurd ihnen denn der Platz gezeigt;
Andre aber, die mußten stehn,
Als Pe-Ha und Te-Ha und solches Getön.
Da gab's ein Gerede, man weiß nicht, wie:
Das nennt man eine Akademie.

Rezensent

Da hatt ich einen Kerl zu Gast,
Er war mir eben nicht zur Last;
Ich hatt just mein gewöhnlich Essen,
Hat sich der Kerl pumpsatt gefressen,
Zum Nachtisch, was ich gespeichert hatt.
Und kaum ist mir der Kerl so satt,
Tut ihn der Teufel zum Nachbar führen,
Über mein Essen zu räsonieren:
»Die Supp hätt können gewürzter sein,
Der Braten brauner, firner der Wein.«
Der Tausendsakerment!
Schlagt ihn tot, den Hund! Es ist ein Rezensent.

Axiom

Freund, wer ein Lump ist, bleibt ein Lump,
Zu Wagen, Pferd und Fuße;
Drum glaub an keinen Lumpen je,
An keines Lumpen Buße.

Bin ich für 'ne Sache eingenommen,
Die Welt, denk ich, muß mit mir kommen;
Doch welch ein Greuel muß mir erscheinen,
Wenn Lumpe sich wollen mit mir vereinen!

Für und wider zu dieser Stunde
Quengelt ihr schon seit vielen Jahren;
Was ich getan, ihr Lumpenhunde,
Werdet ihr nimmermehr erfahren.

»So sei doch höflich!« – Höflich mit dem Pack?
Mit Seide näht man keinen groben Sack.

Sich im Respekt zu erhalten,
Muß man recht borstig sein.
Alles jagt man mit Falken,
Nur nicht das wilde Schwein.

Natur und Kunst

Natur und Kunst, sie scheinen sich zu fliehen
Und haben sich, eh man es denkt, gefunden;
Der Widerwille ist auch mir verschwunden,
Und beide scheinen gleich mich anzuziehen.

Es gilt wohl nur ein redliches Bemühen!
Und wenn wir erst in abgemeßnen Stunden
Mit Geist und Fleiß uns an die Kunst gebunden,
Mag frei Natur im Herzen wieder glühen.

So ist's mit aller Bildung auch beschaffen:
Vergebens werden ungebundne Geister
Nach der Vollendung reiner Höhe streben.

Wer Großes will, muß sich zusammenraffen;
In der Beschränkung zeigt sich erst der Meister,
Und das Gesetz nur kann uns Freiheit geben.

Urworte. Orphisch

ΔΑΙΜΩΝ, Dämon

Wie an dem Tag, der dich der Welt verliehen,
Die Sonne stand zum Gruße der Planeten,
Bist alsobald und fort und fort gediehen
Nach dem Gesetz, wonach du angetreten.
So mußt du sein, dir kannst du nicht entfliehen,
So sagten schon Sibyllen, so Propheten;
Und keine Zeit und keine Macht zerstückelt
Geprägte Form, die lebend sich entwickelt.

ΤΥΧΗ, das Zufällige

Die strenge Grenze doch umgeht gefällig
Ein Wandelndes, das mit und um uns wandelt;
Nicht einsam bleibst du, bildest dich gesellig
Und handelst wohl so wie ein andrer handelt.
Im Leben ist's bald hin- bald wiederfällig,
Es ist ein Tand und wird so durchgetandelt.
Schon hat sich still der Jahre Kreis geründet,
Die Lampe harrt der Flamme, die entzündet.

ΕΡΩΣ, Liebe

Die bleibt nicht aus! – Er stürzt vom Himmel
    nieder,
Wohin er sich aus alter Öde schwang,
Er schwebt heran auf luftigem Gefieder

Um Stirn und Brust den Frühlingstag entlang,
Scheint jetzt zu fliehn, vom Fliehen kehrt er
    wieder,
Da wird ein Wohl im Weh, so süß und bang.
Gar manches Herz verschwebt im Allgemeinen,
Doch widmet sich das edelste dem Einen.

ΑΝΑΓΚΗ, Nötigung
Da ist's denn wieder, wie die Sterne wollten:
Bedingung und Gesetz und aller Wille
Ist nur ein Wollen, weil wir eben sollten,
Und vor dem Willen schweigt die Willkür stille;
Das Liebste wird vom Herzen weggescholten,
Dem harten Muß bequemt sich Will und Grille.
So sind wir scheinfrei denn nach manchen Jahren
Nur enger dran, als wir am Anfang waren.

ΕΑΠΙΣ, Hoffnung
Doch solcher Grenze, solcher ehrnen Mauer
Höchst widerwärtge Pforte wird entriegelt,
Sie stehe nur mit alter Felsendauer!
Ein Wesen regt sich leicht und ungezügelt:
Aus Wolkendecke, Nebel, Regenschauer
Erhebt sie uns, mit ihr, durch sie beflügelt,
Ihr kennt sie wohl, sie schwärmt durch alle
    Zonen:
Ein Flügelschlag – und hinter uns Äonen!

Lesebuch

Wunderlichstes Buch der Bücher
Ist das Buch der Liebe;
Aufmerksam hab ich's gelesen:
Wenig Blätter Freuden,
Ganze Hefte Leiden;
Einen Abschnitt macht die Trennung.
Wiedersehn: ein klein Kapitel,
Fragmentarisch. Bände Kummers,
Mit Erklärungen verlängert,
Endlos, ohne Maß.
O Nisami! – Doch am Ende
Hast den rechten Weg gefunden;
Unauflösliches, wer löst es?
Liebende, sich wiederfindend.

Was wird mir jede Stunde
so bang?

Was wird mir jede Stunde so bang? –
Das Leben ist kurz, der Tag ist lang.
Und immer sehnt sich fort das Herz.
Ich weiß nicht recht, ob himmelwärts;
Fort aber will es, hin und hin,
Und möchte vor sich selber fliehn.
Und fliegt es an der Liebsten Brust,
Da ruht's im Himmel unbewußt;
Der Lebe-Strudel reißt es fort,
Und immer hängt's an *einem* Ort;
Was es gewollt, was es verlor;
Es bleibt zuletzt sein eigner Tor.

Märkte reizen dich zum Kauf

Märkte reizen dich zum Kauf;
Doch das Wissen blähet auf.
Wer im stillen um sich schaut,
Lernet, wie die Lieb erbaut.
Bist du Tag und Nacht beflissen,
Viel zu hören, viel zu wissen;
Horch an einer andern Türe,
Wie zu wissen sich gebühre.
Soll das Rechte zu dir ein,
Fühl in Gott was Rechts zu sein:
Wer von reiner Lieb entbrannt,
Wird vom lieben Gott erkannt.

Wie ich so ehrlich war

Wie ich so ehrlich war,
Hab ich gefehlt
Und habe jahrelang
Mich durchgequält;
Ich galt und galt auch nicht;
Was sollt es heißen?
Nun wollt ich Schelm sein,
Tät mich befleißen;
Das wollt mir gar nicht ein,
Mußt mich zerreißen.
Da dacht ich: Ehrlich sein
Ist doch das Beste,
War es nur kümmerlich,
So steht es feste.

Die Jahre nahmen dir

»Die Jahre nahmen dir, du sagst, so vieles:
Die eigentliche Lust des Sinnespieles,
Erinnerung des allerliebsten Tandes
Von gestern, weit- und breiten Landes
Durchschweifen frommt nicht mehr; selbst nicht
    von oben
Der Ehren anerkannte Zier, das Loben,
Erfreulich sonst. Aus eignem Tun Behagen
Quillt nicht mehr auf, dir fehlt ein dreistes
    Wagen!
Nun wüßt ich nicht, was dir Besondres bliebe?«

Mir bleibt genug! Es bleibt Idee und Liebe!

Was machst du an der Welt?

Was machst du an der Welt? Sie ist schon gemacht;
Der Herr der Schöpfung hat alles bedacht.
Dein Los ist gefallen, verfolge die Weise,
Der Weg ist begonnen, vollende die Reise:
Denn Sorgen und Kummer verändern es nicht,
Sie schleudern dich ewig aus gleichem Gewicht.

Warum ist Wahrheit fern und weit?

»Warum ist Wahrheit fern und weit?
Birgt sich hinab in tiefste Gründe?«
Niemand versteht zur rechten Zeit!
Wenn man zur rechten Zeit verstünde,
So wäre Wahrheit nah und breit
Und wäre lieblich und gelinde.

Suleika

Nimmer will ich dich verlieren!
Liebe gibt der Liebe Kraft.
Magst du meine Jugend zieren
Mit gewaltger Leidenschaft.
Ach! wie schmeichelt's meinem Triebe,
Wenn man meinen Dichter preist:
Denn das Leben ist die Liebe,
Und des Lebens Leben Geist.

Jene garstige Vettel

Jene garstige Vettel,
Die buhlerische,
Welt heißt man sie,
Mich hat sie betrogen,
Wie die übrigen alle.
Glaube nahm sie mir weg,
Dann die Hoffnung;
Nun wollte sie
An die Liebe,
Da riß ich aus.
Den geretteten Schatz
Für ewig zu sichern,
Teilt ich ihn weislich
Zwischen Suleika und Saki.
Jedes der beiden
Beeifert sich um die Wette,
Höhere Zinsen zu entrichten.
Und ich bin reicher als je:
Den Glauben hab ich wieder!
An ihre Liebe den Glauben!
Er, im Becher, gewährt mir
Herrliches Gefühl der Gegenwart;
Was will da die Hoffnung!

Selige Sehnsucht

Sagt es niemand, nur den Weisen,
Weil die Menge gleich verhöhnet!
Das Lebendge will ich preisen,
Das nach Flammentod sich sehnet.

In der Liebesnächte Kühlung,
Die dich zeugte, wo du zeugtest,
Überfällt dich fremde Fühlung,
Wenn die stille Kerze leuchtet.

Nicht mehr bleibest du umfangen
In der Finsternis Beschattung,
Und dich reißet neu Verlangen
Auf zu höherer Begattung.

Keine Ferne macht dich schwierig,
Kommst geflogen und gebannt,
Und zuletzt, des Lichts begierig,
Bist du, Schmetterling, verbrannt.

Und so lang du das nicht hast,
Dieses: Stirb und werde!
Bist du nur ein trüber Gast
Auf der dunklen Erde.

Alphabetisches Verzeichnis
der Überschriften und Anfänge
der Gedichte

Die Gedichttitel sind *kursiv* gesetzt,
die Anfangszeilen gerade.

*Bitte beachten Sie
auch die folgenden Seiten*

Johann Wolfgang Goethe
im Diogenes Verlag

»Goethe ist unerschöpflich. Er kann nicht klassifiziert werden, weder als Dichter noch als Naturforscher, noch als Künstler, noch als Schriftsteller, weder als Verwaltungsbeamter noch als Hofmann, noch als Politiker. Er war alles und noch mehr.« *Karl Jaspers*

»Goethe zum Beispiel hat in allen Formen und Gattungen der Poesie Kunstwerke produziert.« *Georg Wilhelm Friedrich Hegel*

»Ich kann von Goethe nicht anders sprechen als mit Liebe.« *Thomas Mann*

Faust
Der Tragödie erster und zweiter Teil
Herausgegeben von
Ernst Merian-Genast
Mit einem Nachwort von
Thomas Mann

Die Leiden des jungen Werther
Roman. Mit einem Kommentar
des Autors aus dem Jahre 1814

Die Wahlverwandtschaften
Roman. Mit einem Nachwort von
Reinhard Baumgart

Die schönsten Gedichte
Ausgewählt von Franz Sutter

Johann Wolfgang Goethe
Die Wahlverwandtschaften

Ein Roman. Mit einem Nachwort
von Reinhard Baumgart

Eduard und Charlotte, ein Paar, das spät zusammen-
gefunden hat, empfängt zum ersten Mal Besucher auf
dem Anwesen, auf das sie sich zurückgezogen hat-
ten, um ganz füreinander zu leben. Mit Otto, einem
Jugendfreund von Eduard, und Charlottes Nichte
Ottilie beginnt ein verstörender Liebesreigen, und
das Kräftemessen der ›Wahlverwandtschaften‹ nimmt
seinen Lauf: Wie chemische Elemente ziehen sich die
Protagonisten an und stoßen sich wieder ab.

»*Die Wahlverwandtschaften* sind der kühnste und
tiefste Ehebruchroman, den die moralische Kultur des
Abendlandes hervorgebracht hat. Ein Wunderding
an Geglücktheit und Reinheit der Komposition, an
Reichtum der Beziehungen, Verknüpftheit, Geschlos-
senheit ... Es ist ein Werk von zarter und unerbittlicher
Kenntnis des Menschenherzens, so ausgeglichen in
Güte und Strenge, Klarheit und Geheimnis, Klugheit
und Ergriffenheit, Form und Gefühl.« *Thomas Mann*

»So etwas Herrliches, finde ich, hat der alte Meister
noch nicht erschaffen. Diese tiefe künstlerische Be-
sonnenheit bei diesem jugendinnigen Gefühl und stil-
lem, heiligem Glauben! Ich habe mich noch nie so zu
ihm hingezogen gefühlt.«
Friedrich de la Motte Fouqué

»Goethe ist unerschöpflich.« *Karl Jaspers*

Heinrich Heine
im Diogenes Verlag

Reisebilder

Mit einem Nachwort von
Hiltrud Häntzschel

»Anstoß und Kern zu einer Sammlung von Reisedar-
stellungen bildet ›Die Harzreise‹, die Heine im An-
schluß an seine Wanderung durch den Harz 1824
niederschrieb. Der ironisch-kritische Stil und die sati-
rischen Angriffe auf Universität und Studentenleben,
auf zeitgenössische Persönlichkeiten und Ereignisse
werden kennzeichnend auch für die späteren Reisebil-
der: ›Die Nordsee‹, ›Ideen. Das Buch Le Grand‹, ›Reise
von München nach Genua‹, ›Die Bäder von Lucca‹,
›Die Stadt Lucca‹, ›Englische Fragmente‹. Sie wurden
richtungsweisend für die jungdeutschen Schriftsteller;
mit ihrer Verflechtung von Lyrik, Erzählung, politi-
scher Abhandlung, Feuilleton und Autobiographie
brachten sie Auflockerung in die starr festgelegten
Gattungen und trugen dazu bei, daß sich die Kluft zwi-
schen Kunst und Leben, Literatur und Öffentlichkeit
verringerte.« *Kindlers Literatur Lexikon*

»Unter den großen Spöttern der Menschheit, den la-
chenden Kämpfern gegen die Anti-Humanen, von Ari-
stophanes bis Mark Twain, ist Heine der Aktuellste.«
Hermann Kesten

»Heinrich Heine war nicht nur Dichter, er war vor
allem Schriftsteller. Seine ›Reisebilder‹ sind erster und
hervorragender Feuilletonismus. Als solcher hat er
unter- und überirdisch eine Wirkung ausgeübt, die
nicht leicht überschätzt werden kann.« *Klabund*

»Heinrich Heine, einer der anmutigsten, freiesten,
kühnsten und künstlerischsten Geister, die Deutsch-
land je hervorgebracht hat, hätte als Sohn jedes anderen

Landes längst sein Denkmal. Daß wir es ihm verweigern, muß in der Welt finstere Vorstellungen von unserem Gemütszustand wecken.« *Thomas Mann*

Gedichte

Ausgewählt und eingeleitet von
Ludwig Marcuse

»Als wirklicher Humorist tritt Heinrich Heine auf im ›Romancero‹: hinter all seinen Scherzen und Possen merken wir einen tiefen Ernst, der sich schämt, unverschleiert hervorzutreten.« *Arthur Schopenhauer*

»Den höchsten Begriff vom Lyriker hat mir Heine gegeben. Ich suche umsonst in allen Reichen der Jahrtausende nach einer gleich süßen und leidenschaftlichen Musik. Er besaß jene göttliche Bosheit, ohne die ich mir das Vollkommene nicht zu denken vermag.«
Friedrich Nietzsche

»Und ich denke mit Bitterkeit daran, daß bei Heinrich Heines Begräbnis neun Personen anwesend waren! O Publikum! O Bürger! O Lumpenpack!«
Gustave Flaubert

»Er hatte mich und meine Freunde schon ausgesprochen, bevor wir auf der Welt waren, und er ist noch heute ebenso aktuell, wie er's 1840 war und 1933.«
Ludwig Marcuse

Deutschland

Ein Wintermärchen
Geschrieben im Januar 1844

Im Oktober 1843 brach Heinrich Heine von seiner Wahlheimat Paris aus zu einer längeren Deutschlandreise auf. Seine Hauptstationen waren Aachen, Köln und Hamburg. Die Eindrücke dieser Reise verarbeitete Heine zu einem Versepos, über das er seinem Verleger Julius Campe im Frühjahr 1844 schrieb: *Es ist ein gereimtes Gedicht, welches […] die ganze Gärung un-*

serer deutschen Gegenwart in der kecksten, persön-
lichsten Weise ausspricht. [...] Sie wissen, ich prahle
nicht, aber ich bin diesmal sicher, daß ich ein Werkchen
gegeben habe, das mehr Furore machen wird als die
populärste Broschüre und das dennoch den bleibenden
Wert einer klassischen Dichtung haben wird.

Heine sollte recht bekommen – *Deutschland. Ein Win-*
termärchen, eine ebenso sprachlich funkelnde wie bei-
ßend spöttische Politsatire, die gleich nach Erscheinen
von der preußischen Zensurbehörde beschlagnahmt
wurde, gefällt und provoziert bis heute.

»Bei Heine habe ich das Gefühl, von allen zu Denk-
mälern gewordenen Literaturpersonen fühle sich sein
Denkmal am wärmsten an. Das macht den Umgang
mit ihm so angenehm. Am liebsten würde man sich
dafür heute noch bedanken bei ihm. Besonders für die
vielen schönen Tränen. Besonders für das blitzende
Gelächter.« *Martin Walser*

Arthur Schopenhauer
im Diogenes Verlag

Der komplette Schopenhauer: Jeder Band bringt den
integralen Text in der originalen Orthographie und
Interpunktion Schopenhauers; Übersetzungen und sel-
tene Fremdwörter sind in eckigen Klammern eingearb-
beitet; ein Glossar wissenschaftlicher Fachausdrücke
ist als Anhang jeweils dem letzten Band der *Welt als
Wille und Vorstellung*, der *Kleineren Schriften* und der
Parerga und Paralipomena beigegeben. Die Textfas-
sung geht auf die historisch-kritische Gesamtausgabe
von Arthur Hübscher zurück; das editorische Mate-
rial besorgte Angelika Hübscher.

Gesammelte Werke
10 Bände in Kassette
Alle Bände auch als Einzelausgaben erhältlich

*Die Welt als Wille
und Vorstellung* I
in zwei Teilbänden

*Die Welt als Wille
und Vorstellung* II
in zwei Teilbänden

*Über die vierfache Wurzel
des Satzes vom zu-
reichenden Grunde /
Über den Willen in
der Natur*
Kleinere Schriften I

*Die beiden Grundprobleme
der Ethik: Über die Freiheit
des menschlichen Willens /
Über die Grundlage der
Moral*
Kleinere Schriften II

Parerga und Paralipomena I
in zwei Teilbänden, wobei der zweite
Teilband die ›Aphorismen zur Lebens-
weisheit‹ enthält

Parerga und Paralipomena II
in zwei Teilbänden

Außerdem erschienen:

*Denken mit
Arthur Schopenhauer*
Vom Lauf der Zeit, dem wahren Wesen der Dinge,
dem Pessimismus, dem Tod und der Lebenskunst
Herausgegeben und mit einem Nachwort von Otto A. Böhmer

Aphorismen zur Lebensweisheit
Mit einem Nachwort von Egon Friedell

Gottfried Keller
im Diogenes Verlag

»So erklärt sich's doch einigermaßen, daß diese Bücher ihre schönste Wirkung, eine seelenhafte Freiheit und Heiterkeit, gar nicht in den Kopf ausstrahlen, sondern wirklich direkt ins Blut, so daß sie einem im Leben weiterhelfen und das nächste leichter machen, was man wirklich selbst von Goethe kaum sagen kann.« *Hugo von Hofmannsthal*

»Kellers eigentliches Gebiet war die kräftige Kleinplastik, und daher ist alle seine Romandichtung Novellenschichtung, auch wo sie dies nicht äußerlich ist. Er schrieb einmal, eine ungeschriebene Komödie gehe durch alle seine Epik, und in der Tat war seinem dichterischen Wesen eine feine Falte lächelnder Ironie dauernd eingekerbt.« *Egon Friedell*

Der grüne Heinrich
Roman. Zweite Fassung von 1879/80
Herausgegeben und mit einer Einleitung
von Gustav Steiner

Die Leute von Seldwyla
Erzählungen. Erster und zweiter Band
Herausgegeben und mit einer Einleitung
von Gustav Steiner

Züricher Novellen
Mit einem Nachwort von Bernhard Schlink

Meistererzählungen
Mit einem Nachwort von Walter Muschg

Michel de Montaigne
im Diogenes Verlag

»Nur zwölf Generationen trennen uns von diesem gesunden Einzelexemplar zwischen den Zeiten. Nur? Wenn es um Liebe und Eifersucht, um Schmerzen und Angst, Selbsterkenntnis und selbst gelegte Fallen im Alltag geht, ist Michel de Montaigne Zeitgenosse.« *Mathias Greffrath*

»Daß ein solcher Mensch geschrieben hat, dadurch ist wahrlich die Lust, auf dieser Erde zu leben, vermehrt worden.« *Friedrich Nietzsche*

Essais
nebst des Verfassers Leben nach der Ausgabe
von Pierre Coste, aus dem Französischen
übersetzt von Johann Daniel Tietz
Mit Personen- und Sachregister sowie einem Nachwort
zu dieser Ausgabe von Winfried Stephan
3 Bände im Schuber oder in Kassette

Tagebuch einer Reise nach Italien
über die Schweiz und Deutschland
Deutsch von Ulrich Bossier
Mit einem Vorwort von Wilhelm Weigand

Über Montaigne
Aufsätze und Zeugnisse von Blaise Pascal bis Elias Canetti
Herausgegeben von Daniel Keel
Deutsch von Irene Holicki und Linde Birk
Mit Chronik und Bibliographie

Michel de Montaigne
Eine Biographie von Wilhelm Weigand

Matthias Greffrath
Montaigne heute
Leben in Zwischenzeiten

Lyrik im
Diogenes Verlag

»Alle Poesie soll belehrend sein, aber unmerklich; sie soll den Menschen aufmerksam machen, wovon sich zu belehren wert wäre; er muß die Lehre selbst daraus ziehen wie aus dem Leben.«
Johann Wolfgang Goethe

»Die Krönung der Literatur ist das Dichten, es ist ihr Zweck und Ziel. Es ist die erhabenste Tätigkeit des menschlichen Geistes. Es ist das Erreichen von Schönheit und Zartheit.«
W. Somerset Maugham

»Ein Theaterstück ist Mittelstreckenlauf, Prosa ist Marathon und Lyrik Hochsprung.« *Friedrich Dürrenmatt*

● **Alfred Andersch**
Gedichte und Nachdichtungen

● **Charles Baudelaire**
Die Blumen des Bösen
Gedichtzyklus. Aus dem Französischen von Terese Robinson. Nachwort von Hans H. Henschen

● **Gottfried Benn**
Ausgewählte Gedichte
Herausgegeben und mit einem Nachwort von Gerd Haffmans. Frontispiz von George Grosz

● **Rainer Brambach**
Gesammelte Gedichte
Mit einem Nachwort von Hans Bender

● **Wilhelm Busch**
Gedichte
Herausgegeben, mit Anmerkungen und einem Nachwort von Friedrich Bohne

● **Friedrich Dürrenmatt**
Das Mögliche ist ungeheuer
Ausgewählte Gedichte

● **Heinrich Heine**
Gedichte
Ausgewählt und eingeleitet von Ludwig Marcuse

● **Otto Jägersberg**
Keine zehn Pferde
Gedichte

● **Juan Ramón Jiménez**
Herz, stirb oder singe
Gedichte, spanisch und deutsch. Auswahl und Übertragung von Hans Leopold Davi. Mit vier Zeichnungen von Henri Matisse

● **Hugo Loetscher**
Es war einmal die Welt
Gedichte

● **Wilhelm Müller**
Die Winterreise
und Die schöne Müllerin. Mit Zeichnungen von Ludwig Richter und einem Nachwort von Winfried Stephan

● **Rainer Maria Rilke**
Die schönsten Gedichte
Ausgewählt von Franz Sutter. Mit einem Nachwort von Stefan Zweig

Meistererzählungen der Weltliteratur
im Diogenes Verlag

● **Ambrose Bierce**
Meistererzählungen. Auswahl und Vorwort von Mary Hottinger. Aus dem Amerikanischen von Joachim Uhlmann. Mit Zeichnungen von Tomi Ungerer

● **Giovanni Boccaccio**
Meistererzählungen aus dem Decamerone. Aus dem Italienischen von Heinrich Conrad. Mit einem Nachwort von Bruder Hilario

● **Anton Čechov**
Meistererzählungen. Ausgewählt von Franz Sutter. Aus dem Russischen von Ada Knipper, Hertha von Schulz und Gerhard Dick. Mit einem Nachwort von W. Somerset Maugham

● **Miguel de Cervantes Saavedra**
Meistererzählungen. Die Beispielhaften Novellen. Aus dem Spanischen von Gerda von Uslar. Mit einem Nachwort von Fritz R. Fries

● **Raymond Chandler**
Meistererzählungen. Aus dem Amerikanischen von Hans Wollschläger

● **Friedrich Dürrenmatt**
Der Tunnel und andere Meistererzählungen. Ausgewählt von Daniel Keel. Mit einem Nachwort von Reinhardt Stumm

● **William Faulkner**
Eine Rose für Emily und andere Meistererzählungen. Aus dem Amerikanischen von Elisabeth Schnack

● **F. Scott Fitzgerald**
Drei Stunden zwischen zwei Flügen und andere Meistererzählungen. Ausgewählt und mit einem Nachwort von Daniel Kampa

● **Franz Kafka**
Meistererzählungen. Ausgewählt von Winfried Stephan. Mit einem Nachwort von Walter Muschg und einer Erinnerung an Franz Kafka von Kurt Wolff

● **Gottfried Keller**
Meistererzählungen. Mit einem Nachwort von Walter Muschg

● **D. H. Lawrence**
Meistererzählungen. Ausgewählt, aus dem Englischen und mit einem Nachwort von Elisabeth Schnack

● **Jack London**
Meistererzählungen. Aus dem Amerikanischen von Erwin Magnus. Mit einem Vorwort von Herbert Eisenreich

● **Carson McCullers**
Wunderkind und andere Meistererzählungen. Ausgewählt von Daniel Keel und Daniel Kampa. Aus dem Amerikanischen von Elisabeth Schnack. Mit einem Nachwort von Daniel Kampa
Auch als Diogenes Hörbuch erschienen, gelesen von Elke Heidenreich

● **Katherine Mansfield**
Glück und andere Meistererzählungen. Ausgewählt von Daniel Kampa. Aus dem Englischen von Elisabeth Schnack. Mit einem Vorwort von Anthony McCarten
Daraus zwei Erzählungen auch als Diogenes Hörbuch erschienen, gelesen von Anna König

● **W. Somerset Maugham**
Regen und andere Meistererzählungen. Ausgewählt von Daniel Keel und Daniel Kampa. Aus dem Englischen von Tina und Gerd Haffmans, Ilse Krämer, Irene Muehlon, Simone Stölzel, Friedrich Torberg, Kurt Wagenseil und Mimi Zoff
Auch als Diogenes Hörbuch erschienen, gelesen von Marietta Bürger, Hans Korte, Friedhelm Ptok und Werner Rehm

● **Guy de Maupassant**
Meistererzählungen. Ausgewählt, aus dem Französischen übertragen und mit einem Nachwort von Walter Widmer

● **Herman Melville**
Meistererzählungen. Aus dem Amerikanischen von Günther Steinig. Mit einem Nachwort von Hans-Rüdiger Schwab

● **Frank O'Connor**
Und freitags Fisch und andere Meistererzählungen. Aus dem Englischen von Elisabeth Schnack